“四好农村路”之清水实践

中共清水县委
清水县人民政府　组织编写

人民交通出版社股份有限公司
China Communications Press Co.,Ltd.

内 容 提 要

“四好农村路”是中共中央总书记习近平于 2014 年 3 月提出的。2017 年 12 月，习近平又对“四好农村路”建设作出重要指示。他强调，近年来，“四好农村路”建设取得了实实在在的成效，为农村特别是贫困地区带去了人气、财气，也为党在基层凝聚了民心。

2017 年，清水县被评选为首批“四好农村路”全国示范县。本书梳理总结了清水县在“四好农村路”建设中的经验做法及取得的成效，可供各地参考借鉴。

图书在版编目（CIP）数据

“四好农村路”之清水实践 / 中共清水县委，清水县人民政府组织编写 . — 北京 : 人民交通出版社股份有限公司，2018.8

ISBN 978-7-114-14911-5

Ⅰ. ①四… Ⅱ. ①中… ②清… Ⅲ. ①农村道路—道路建设—研究—清水县 Ⅳ. ① F542.842.4

中国版本图书馆 CIP 数据核字（2018）第 167102 号

书　　名：“四好农村路”之清水实践
著 作 者： 中共清水县委　清水县人民政府
责任编辑： 王　丹
责任校对： 刘　芹
责任印制： 张　凯
出版发行： 人民交通出版社股份有限公司
地　　址：（100011）北京市朝阳区安定门外外馆斜街3号
网　　址： http：//www.ccpress.com.cn
销售电话：（010）59757973
总 经 销： 人民交通出版社股份有限公司发行部
经　　销： 各地新华书店
印　　刷： 中国电影出版社印刷厂
开　　本： 787 × 1092　1/16
印　　张： 5
字　　数： 85千
版　　次： 2018年 8月　第 1 版
印　　次： 2018年 8月　第 1 次印刷
书　　号： ISBN 978-7-114-14911-5
定　　价： 48.00元

序言

Introduction

历史悠久、文化灿烂的甘肃清水，地处陕甘交界、陇坂西麓、渭河上游，座落在青山巍巍的关陇大道咽喉之地，是史不绝书的轩辕故里、华夏首县、丝路明珠，也是国家扶贫开发重点县、国家能源局定点帮扶县。自古以来，“其坂九回，不知高几许，欲上者七日乃越”。长期以来，“开门就是山，十里羊肠道，背扛、肩挑、乘车难”是清水人民出行状况的生动描述。山大沟深、出行不便，不仅困扰着广大群众的生产生活，交通“瓶颈”的制约和影响也严重束缚着清水人民脱贫致富奔小康的步伐。修筑一条条便捷、安全、畅通的农村公路，是清水人民的最大心愿。

人民对美好生活的向往，就是我们的奋斗目标。

党的十八大以来，县委、县政府确立“5551”发展战略，把交通道路列为“五大突破”之首，大力弘扬“淳朴诚信、尚德务实、创新超越”的清水新精神，通过奋力实施庄天二级公路和天平铁路清水过境段及上邽大道、轩辕大道、温泉大道等一批干线公路项目，为破解交通“瓶颈”作出了积极努力。2013 年 7 月，一场突如其来史无前例的暴雨地震叠加灾害，不仅使当时的清水陷入了交通“孤岛”，而且严重损毁了全县交通基础设施建设成果，更加增强了我们交通道路建设的责任感和紧迫感。

2014年以来，我们以习近平总书记的重要指示为遵循，坚决贯彻落实习近平总书记关于“四好农村路”建设的系列重要指示批示精神，在抢抓国家、省、市难得政策机遇、赢得上级主管部门的厚爱支持下，全力推进农村公路建管养运协调发展，书写了“四好农村路”建设的新篇章。四年多来，我们深刻把握“四好农村路”内涵，按照“党政主导、行业指导、部门协同、群众参与”的思路，积极落实主体责任。县财政筹资1.89亿元用于农村公路建设养护，建立农村公路公共财政保障、项目建设管理、建管养运协调发展和分级管护系列工作机制，集中力量和智慧借船出海、借力发力，采取“项目支撑、财政保障、市级融资、多方联建”方式，建成农村公路927公里，乡镇、建制村通畅率均达100%，自然村通畅率达71.9%。与此同时，我们积极探索农村公路养护管理新模式和新路子，率先建设“五位一体”乡镇区域性交通综合服务中心，创新实施农村公路“路长制”管理模式，推进了农村公路与城乡一体化深度融合。这些举措不仅极大改善了城乡面貌和群众生产生活条件，使群众到县城和乡镇的时间平均缩短25%和30%，让群众“出门水泥路、抬脚上客车”的梦想变为现实，而且实现了产业基地、景区景点道路全覆盖，带动了干鲜果、蔬菜、中药材、畜产品等特色产业和旅游业的快速发展，更为决战脱贫、决胜小康插上了腾飞的翅膀。随着农村“交通网”的快速发展，群众获得感、幸福感、安全感不断增强。

保障和改善民生没有终点，只有连续不断的新起点。

我们深深感到：“四好农村路”修的是路，改变的是农村面貌，联系的是党心民心，巩固的是党在农村的执政基础；一条条“四好农村路”，是习近平总书记心中的“追梦之路”“发展之路”“为民之路”，更是服务新时代乡村振兴的康庄大道。

进入新时代，梦想无止境；踏上新征程，奋斗不停歇。

今后，我们将以习近平新时代中国特色社会主义思想为指导，把群众满意作为检验“四好农村路”建设的唯一标准，不断创新完善“清水模式”，全力做好静天高速公路建设的协调配合工作，加快推进普通省道改造、县乡道改造、窄路基路面加宽改造、自然村通硬化路等项目建设，深入落实“路长制”管理，全面提升农村公路服务质量水平，统筹推进城乡一体化进程，持续谱写高质量发展新阶段“四好农村路”建设新篇章。

天水市人大常委会副主任、中共清水县委书记

中共清水县委副书记、清水县人民政府县长

2018 年 4 月

“四好农村路”

前言

Preface

清水位于甘肃东南，天水东北，古称上邽，以“清泉四注”而得县名，素有关陇要冲、丝路咽喉之称，是中华人文初祖轩辕黄帝诞生地、秦始祖非子首封地、西汉名将赵充国的家乡。辖15镇3乡、260个村、1028个自然村，总面积2012平方公里，总人口33万人。

党的十八大以来，县委、县政府立足县困民穷、山大沟深、交通封闭的县情，认真贯彻落实习近平总书记关于“四好农村路”建设的重要指示精神，紧扣农村公路“建管养运”的“四好”目标，深入实施交通先行战略，大力建设助推区域发展的“康庄大道路”、服务乡村振兴的“幸福小康路”、方便群众出行的“平安放心路”、支撑产业发展的“特色致富路”，积极探索农村公路养护管理新模式和新路子，奋力夺取了“四好农村路”建设的喜人成果，极大改善了城乡面貌和山区群众生产生活条件，为决战脱贫攻坚、决胜全面小康插上了腾飞的翅膀。2017年，被甘肃省交通运输厅命名为全省第一批“四好农村路”示范县，被交通运输部授予“四好农村路”全国示范县称号。

为推动“四好农村路”建设实现高质量发展，我们认真总结“四好农村路”建设的“清水模式”，编撰出版了《“四好农村路”之清水实践》，旨在与兄弟县区相互交流、学习和借鉴。本书主要撰写人员：刘天波、马越垠、周济、马小平、胡喜祥、张进录、李志强、王亚军、郑伟伟、刘知敏、李志刚、毛鹏程、程刚、冯保华。

“山再高，往上攀，总能登顶；路再长，走下去，定能到达。”

进入新时代，踏上新征程。我们将坚定不移地以习近平新时代中国特色社会主义思想为指导，撸起袖子加油干，奋力续写“四好农村路”建设的新篇章，加快推进脱贫攻坚、小康建设、乡村振兴各项工作迈上新台阶。

中共清水县委

清水县人民政府

2018 年 4 月

“四好农村路”

目录

Contents

建设“四好农村路”助推脱贫攻坚战

近年来，清水县认真贯彻落实习近平总书记系列重要讲话精神，坚持“创新、协调、绿色、开放、共享”五大发展理念，以建设“四好农村路”为目标，按照“大规划引领、高标准建设、新机制管养、规范化运营”的思路，突出深度贫困片带，兼顾富民产业发展，着力推进以天平铁路、庄天二级公路为主的骨干通道建设和通村畅乡的农村公路建设，聚力打响交通扶贫攻坚战，打造“康庄大道路”“幸福小康路”“平安放心路”“特色致富路”，全县 260 个建制村全部通沥青（水泥）路，贫困村的所有自然村全部通水泥路或砂砾路，农村公路总里程达 1362 公里，产业路覆盖率达 85%，广大群众的生活满意度、获得感逐年上升，“四通八达奔小康”的梦想正在加快实现。2017年，被甘肃省交通运输厅命名为全省第一批“四好农村路”示范县，被交通运输部授予“四好农村路”全国示范县称号。

一、紧扣“四个到位”，高位推动建设

清水县把农村公路建设列入县域“14651”发展战略“六大提升”之首，编制“十三五”农村公路建设规划，持续发力，久久为功。

政策引领到位。制定《关于加快公路建设的实施意见》《关于进一步加强全县农村公路养护管理工作的实施意见》，从财政投入、土地供应、公益性岗位落实等方面出台扶持政策，引领农村公路持续健康发展。

机构人员到位。成立县农村公路建设项目管理办公室、县农村公路养护站和18乡镇农村公路管理所，全部为科级建制，每个乡镇管理所配备3～5人，强化了组织保障。

资金投入到位。2015年以来，累计投入中央和省、市项目资金5.5亿元，县财政每年列支专项建设资金1000万元、养护资金700万元、“以奖代补”养护基金86万元，配套项目管理费和质量检测费117万元，把3万元村级公共设施运行维护经费的1/3用于通村公路日常保洁，全力保证资金需求。

奖惩兑现到位。把农村公路建、管、养、运纳入乡镇“十星制”考核范围，对成效好的乡镇给予项目和资金倾斜，对工作滞后的乡镇进行约谈问责，极大调动了基层的工作积极性。

二、创新“四大机制”，统筹建管养运

坚持建设与管理齐抓、养护与运营并重，创新推进农村公路建、管、养、运协调发展。

在建设上突出“严”。采取项目支撑、财政保障、市级融资、多方联建方式，全面推行县级领导包乡镇、交通部门科级干部包片、专业技术人员包项目、一般干部包路段，定目标、定任务、定人员、定责任、定标准、定时限的“四包六定”责任制；严格执行“七公开”制度，严把工程设计、原材料检测检验、机械设备进场、分层验收、施工管理、试

验检测“六道关口”，确保了农村公路建设全面达标。2015 年以来建成各类农村公路 927 公里，抽检合格率和交工验收合格率均达 100%。

在管理上突出“全”。在全省率先建成集汽车站、养护管理基地、救灾物资储备中心、路政运政执法基地、邮政物流服务站点“五位一体”功能的 4 个乡镇区域性交通综合服务中心，创建了农村公路全面发展新模式。建立县级路政员执法监督、乡镇路政管理员指导落实、村级路政协管员包村监管、公益性岗位养护人员常态巡查的路政“四级分工”负责制，加大路政执法力度，宣传农村公路管护公约和通村公路管护“三字经”，实现了依法治路全覆盖。农村公路超限超载率控制在 4% 以内，公路完好率达 98.6%。

在养护上突出“常”。在“建好”的同时，每年投入 1200 万元补旧路、强路肩、整边渠、栽行道树，确保农村公路建的好、管的好、护的好。深化养护体制改革，推行县农村公路养护站统筹指导、乡镇农村公路管理所落实推进、公益性岗位人员巡查管护、养护班长常态监督、村养管小组应急联动的“五级联动”养护长效机制，采取群众参与、分段承包、定额包干、政府购买服务的养护方式，实现了养护常态化。具体由乡镇农村公路管理所负责辖区内农村公路的养护及路政管理，落实公益性养护岗位 150 个，组建村级养护队伍 1563 人，按照“1472”标准足额落实养护资金，对养护成效明显的乡镇和村组实行“以奖代补”。全县农村公路列养率达 100%，优良中等路比例达 80.2%。

在运营上突出“优”。坚持路运一体，实施农村公路安全生命防护工程 796 公里，实现了农村公路安全生命防护设施全覆盖；加强客运站点建设，优化农村客运网络，创新“热线带弱线、干支道搭配、公交线路延伸”客运新模式，全县乡镇、建制村通班车率均达 100%。

三、坚持“四个结合”，拓展服务功能

充分发挥“交通运输 +”效应，全面拓展农村公路服务功能附加值，农村公路成为了服务群众的产业路、扶贫路、旅游路、致富路。

与民生实事相结合。县财政按每公里 10 万元的补助标准，建设自然村砂砾路 323.5 公里；筹资 1295 万元，实施精准扶贫桥梁 5 座 399 延米；大力实施“六小民生工程”，建成乡间小路 118 条、村野小桥（涵）47 座，打通了群众出行“最后一公里”。

与产业发展相结合。把农村公路作为“带产业、连基地、接市场、促增收”的基础工

程，建成以核桃为主的干鲜果园 64.4 万亩，年均种植蔬菜 11 万亩、中药材 5 万亩，畜禽饲养量达 465.78 万头（只）；积极推进农村物流节点体系建设，18 乡镇和 121 个贫困村全部建立快递服务点，带动发展农村网店 400 多家，助推了精准扶贫、促进了农民增收。特别是在新农村建设相对集中、人口密集、产业发展基础好的区域优先安排农村公路建设，交通道路对促进新型城镇化建设的引导作用全面增强。

与生态建设相结合。按照“政府主导、交通规划、林业投资、全民参与”的原则，大力推进公路绿化，打造“流动风情线”，累计栽植行道树 1900 多公里，建设公路景观节点 133 处，形成了干线公路“一路多景”、农村公路“一村一景”的公路绿化和美丽乡村示范带，既彰显了地域文化特色，又助推了美丽乡村建设，提升了全域旅游品味。

与文明创建相结合。深入推进全国文明城市和全域无垃圾县创建工作，以“四好农村路”建设为抓手，改善农村人居环境，大力整治农村公路路域环境卫生，依法清理非公路标志标牌，营造了畅洁舒美的道路交通环境，农村公路成了展示清水文明形象的“窗口”和“名片”。

在今后的工作中，我们将把握机遇，乘势而上，为打赢脱贫攻坚战、全面建成小康社会提供强有力的交通保障！

"四好农村路"

清水的探索与创新

多年来，清水县根据县域经济发展实际，就发展好农村公路进行了一些有益的探索与创新。

一、首创乡镇区域性交通综合服务中心

清水县结合农村公路养护管理现状，拓展工作思路，将有限的农村公路建设资金、乡镇汽车站建设资金进行有效整合，作为乡镇区域性交通综合服务中心的建设资金。率先试点

建设集“旅客运输、公路养护、人员培训、路（运）政管理、抢险救灾物资储备、邮政物流”为一体的乡镇区域性交通综合服务中心，带动农村公路养护基础工作和应急救援队伍建设。2013 年以来，共整合乡镇汽车站、村级停靠点资金 400 万元、县财政配套资金 500 万元，在县乡道公路沿线新建白沙、贾川、草川、郭川等 4 个乡镇区域性交通综合服务中心。

白沙区域性交通综合服务中心位于 X463 大温公路沿线的白沙村，占地 3.5 亩，建筑总面积 452 平方米，总投资 250 万元，于 2015 年投入使用。服务中心辐射白沙、秦亭、山门等东部 3 乡镇 40 个行政村，辐射范围达 32 平方公里，兼具养护道班、汽车站和邮政物流的职能，同时又能发挥养护人员培训、路（运）政管理、抢险救灾物资储备等功能，由交通、运管和商务部门分别按照各自职能进行运营。在农村公路路网中合理分布，形成了以点带面、多点连片、连片成网、功能完善的养护管理网络。

一是作为乡镇汽车站，主要承担运输服务功能，由县运管局、运营公司负责短途班线、县城至白沙公交线路、途经白沙镇运营班线车辆的管理。二是作为养护管理基地，负责辖区内农村公路养护管理，承担白沙、秦亭、山门 3 乡镇农村公路公益性岗位养护人员及乡村养护人员的管理、培训职能；存放县乡道日常养护机械设备等，配备了装载机、自卸翻斗车、打夯机、切割机、割草机、小型压路机，有效缓解了养护机械设备不足的问题。三是作为救灾物资储备中心，储备雨鞋、雨衣、应急照明灯、应急抢险标示牌、编织袋等农村公路抢险救灾物资，提高交通部门的综合应急能力。同时，针对农村公路抗灾能力低，易发生水毁等自然灾害的实际情况，组织应急救援演练活动，有效提升了养护管理队伍的应急救援能力。四是作为乡镇路（运）政执法基地，与乡镇交管站、农村公路管理所共同承担辐射区域农村公路路产路权维护、运输市场秩序管理、重点物资运输保障等职能。五是作为邮政物流站点，积极推进“交通运输 + 电商快递”扶贫，创新交通扶贫模式，促进运邮融合发展，助力群众脱贫致富。设立白沙快递服务网点和电商中心，依托乡村班线在偏远村开展快递代办服务，农产品进城和网货下乡的通道更加畅通，农产品从“最初一公里”到“最后一公里”的物流支撑和保障能力显著提升。

二、农村公路与城乡一体化融合的探索

近年来，清水县坚持把城乡一体化作为“四好农村路”建设的价值体现。在抓好建设和养护管理的基础上，不断优化客运体系，不断提升运力水平，形成了“路通车通、物畅

其流”的良好局面。

一是全域配置城乡客运。按照“政府搭台、企业融资、县企共建、行业监管、自主经营”的原则，以“股份制”方式合作建设一级客运汽车站；优化农村客运网络，投放城市城乡公交车 30 辆，政府每年每辆补助 6.5 万元，确保公交“开得通、留得住、可持续”；创新热线带弱线、干支道搭配、公交线路延伸客运新模式，乡镇、建制村通班车率均达 100%，群众到县城和乡镇的时间平均缩短了 25% 和 30%，县城公交站点 500 米覆盖率和客运服务水平满意度均达 100%，实现城乡客运一体化。

二是全力发展物流配送。探索推行“交通 + 互联网 + 农业 + 快递”模式，乡镇、行政村快递网点覆盖率分别达 100%、54%，依托乡村班线在偏远村开展快递代办服务，建成“万村千乡”农家店 224 个；推进“交通运输 + 电商快递”扶贫，建成与众创空间高度融合的县电商中心 1 个、乡镇电商服务站 18 个、村级电商服务点 229 个，发展电商企业 8 家，农村网店、微店 1200 多家，形成了县、乡、村三级电商服务体系，实现城乡物流一体化。

三是全面拓展服务功能。充分发挥“交通运输 +”效应，注重与产业发展、生态建设、美丽乡村建设和扶贫攻坚相结合，推进“交通运输 + 特色产业”扶贫模式，促进了干鲜果、蔬菜、中药材、畜产品等富民产业的扩面增效，“带产业、连基地、接市场、促增收”的交通扶贫效益日益凸显。2017 年农村居民人均可支配收入达 6438 元、同比增长 8.7%，农村公路成为群众脱贫的幸福小康路，实现服务发展一体化。

聚焦脱贫攻坚
共圆小康梦想

清水县始终将“四好农村路”建设作为打赢脱贫攻坚、全面建成小康社会的重要载体，全面推进“四好农村路”建设，创新实施农村公路“路长制”管理模式，全面开展乡镇农村公路管理所规范化建设。交通扶贫在脱贫攻坚工作中的基础性、先导性、全局性作用不断凸显，取得了2017年度甘肃省“四好农村路”年终检查综合考核县区第一名的好成绩。2017年全省交通扶贫攻坚“四好农村路”建设现场会在我县召开。

一、2017 年工作完成情况

（一）公路建设项目谱写崭新篇章。“十三五”以来，全县“四好农村路”建设迈进了发展速度最快、项目投资最多、群众受益最广、质量效益最好的历史时期。特别是 2017 年以来，政府主导、财政支持力度空前，县委、县政府专题调研督查农村公路工作 15 次、召开项目调度会 4 次，印发了《清水县乡镇农村公路管理所规范化建设管理实施方案》《清水县全面推行农村公路路长制实施方案》，在县属新闻媒体开设“四好农村路”宣传专栏，营造了全民支持、全民参与、全民共享的建设氛围，把全县大口径财政收入的 1/6 用于农村公路建设养护，提升了公路通达深度和延伸服务广度。一是普通省道建设取得突破。S529 清水县城至社棠公路清水段 34.3 公里开工建设，总投资 8373 万元，其中补助资金 6671 万元。年度投资计划 5027 万元，完成投资 5550 万元，占总投资的 66.3%，占年度投资计划 110%，拉开了全省路网规划调整后我县境内普通省道改造的序幕。二是农村公路建设提速发展。共实施省里下达项目 7 项，新改建农村公路 296.81 公里、安全生命防护工程 72.7 公里、桥梁 1 座，补助资金 15421.3 万元，累计完成投资 20613.15 万元。三是扶贫项目建设步伐加快。围绕改善群众生产生活条件、聚焦脱贫攻坚“托底性”指标，把农村公路建设作为破解深度贫困的关键之举，县财政筹资 2827.5 万元，建成精准扶贫桥梁 5 座 399.32 延米、自然村砂化村组道路 60 条 123.5 公里、永清镇双场村至草川铺镇腰林村旅游砂化道路 11.6 公里和郭川镇高湾村万亩苹果示范基地砂化产业路 13 公里。

（二）农村公路养护得到全面加强。坚持把农村公路养护作为“四好农村路”建设的主抓手和支撑点，突出政府主导，创新养护模式，走出了一条具有清水特色的农村公路养护新路子。一是养护机制更加完善。深化农村公路养护体制改革，以白沙镇、王河镇、旺兴村等村镇为试点，带动 18 个乡镇全面开展农村公路管理所和村级养护组织规范化建设；推行县农村公路养护站统筹指导、乡镇农村公路管理所落实推进、公益性岗位人员巡查管护、养护班长常态监督、村养管小组应急联动的“五级联动”养护长效机制。二是养护队伍持续壮大。成立了科级建制的 18 个乡镇农村公路管理所，每个乡镇管理所配备专职副所长 1 名，管理人员 3～5 名；通过政府购买服务的方式，落实农村公路公益性养护岗位 150 名；260 个行政村村级养护队伍达 1563 人，强化了组织保障。三是养护资金保障到位。县财政落实养护资金 700 万元、“以奖代补”基金 86 万元、公益性岗位工资 154.8 万元，把 3 万元村级公共设施运行维护经费的 1/3 用于通村公路日常保洁，全力保证资金需求。四是养护方式灵活多样。集中开展了为期15天的农村公路养护活动，18乡镇和公益性岗位养护人员实施了以路基边坡坍塌清理、边沟疏通、路肩整修为主的小修养护，累计投入资金143.4万元，全面提升了道路通畅和应急保障水平。确定每月5日、15日、25日为全县农村公路集中养护日，由各乡镇组织受益村组群众开展集中养护。对农村公路防排水设施认真核查摸底，对已建成的农村公路，通过增设边沟、涵洞等防排水设施减少安全隐患；对在建的农村公路，进一步优化施工设计，确保防排水设施一次建设到位，巩固农村公路建设成果。五是全民参与全员养护。大力开展“最美农村路”“最美养护工”暨“四好农村路”工作先进集体和个人评选活动，通过示范引领、典型带动，引导全民参与、全民养护；编制了具有清水特色的农村公路管护公约和通村公路管护“三字经”，印发宣传资料2000份，采取群众参与、分段承包、定额包干、政府购买服务的养护方式，实现了农村公路“全员养护”和养护常态化，全县农村公路列养率达100%，优良中等路比例达80.2%。

（三）农村公路管理机制持续完善。坚持把农村公路管理作为巩固建设成果的着力点和突破点。一是全面推行“路长制”。逐级建立党委、政府主要负责同志担任路长的县乡村三级“双路长”工作机制，县设总路长，乡镇设乡镇县级路长、乡镇路长，村设村级路长。按照公路行政等级和管养权限，推行“分级管理、责权明晰、责任到人”的垂直交叉管理模式，县道设县道路长，由11名包片包乡镇县级领导担任县道路长和28名包乡镇县级领导担任县道区间路长；乡道设乡道路长，由24名包片县级领导担任乡道路长，18个乡镇党委书记、乡镇长担任乡道区间路长；村道设村道路长，分别由260个行政村村党支部书记、村委会主任担任村道路长。在“路长制”管理体系下，成立了清水县全面推行农村公路路长制协调推进领导小组、路长制办公室，形成了路长、副路长、职能部门和管养责任单位对落实“路长制”工作共同负责的良好局面，促进农村公路以职能部门建管养为主向多部门联动转变，以县乡道为主向全面覆盖转变，营造“畅、洁、绿、美、安”的农村公路环境。二是提升区域服务功能。依托“五位一体”乡镇区域性交通综合服务中心，充分发挥区域性路（运）政执法基地的作用，积极推行道路运政和路政管理综合执法，建立了分工明确、联勤联动的行业内部管理机制。县农村公路养护站负责日常路面保洁、路基整修、绿化管护和村镇路段整治；县运管局进驻源头企业、加强源头监管；路政部门加强巡查管理、加大路政执法力度，联合执法、集中整治、并案处理，形成了以点带面、多点连片、连片成网、功能完善的养护管理网络，创建了农村公路全面发展新模式。

三是大力整治路域环境。以“四好农村路”建设为抓手改善农村人居环境，印发了《清水县农村公路路域环境卫生整治行动实施方案》，从2017年11月开始，开展为期三年的农村公路路域环境卫生整治，确保到2020年实现农村公路沿线视野内无垃圾、违法行为管控有效、非公路标志标牌设置规范、公路技术状况良好的治理目标，提升公路交通综合服务水平。四是全面坚持依法治路。完善“政府负责、部门执法、群众参与、综合治理”的农村公路路政管理体系，建立了县级路政员执法监督、乡镇路政管理员指导落实、村级路政协管员包村监管、公益性岗位养护人员常态巡查的路政“四级分工”负责制。将依法治路写入乡规民约、村规民约，充分发挥乡镇人民政府、村民委员会和村民作用，共同维护农村公路路产路权，保障农村公路完好、安全和畅通。全年共查处、纠正各类违法案件12起，结案12起，结案率达100%，收取公路赔（补）偿费1.03万元。加强路政巡查和农村公路两侧建筑控制区管理，实现了依法治路全覆盖，超限超载率控制在4%以内，公路完好率达98.6%。

（四）运输保障服务水平全面提升。坚持“城乡统筹、以城带乡、城乡一体、客货并举、运邮结合”总体思路，加快道路运输枢纽建设。依托乡镇区域性交通综合服务中心，优化农村客运网络，创新热线带弱线、干支道搭配、公交线路延伸等客运新模式。积极推进村村通班车，乡镇、建制村通班车率均达100%。全年日均安排班次205趟，完成客运量182.6万人次，客运周转量3652.7万人公里，货运量351.3万吨，货运周转量3326.4万吨公里。共实施行政许可37项，审验道路运输经营许可证32件，车辆技术等级评定、道路运输证年审、从业人员从业资格证审验合格率均为100%。全面开展运输市场整顿，执法稽查人员路检路查184天次，出动执法车311台次，出动执法人员1492人次，检查各类车辆4462辆次，查处各类违章车辆118辆次，查扣处理“黑车”30辆次，罚款处罚金额11万元。

（五）示范县创建承诺事项落实到位。一是持续加大农村公路建养资金投入。我县承诺，将根据物价增长、里程和财力增加等因素，每年以1.5%的比例递增农村公路建养资金。2017年，县财政共投入资金6175.8万元用于农村公路建设养护，其中建设资金4298.41万元、养护资金1877.4万元，与2016年县财政用于农村公路建设养护资金4924.14万元相比增加25.4%。二是全面清理路域范围内非公路标志。我县承诺在2017年10月底前全面完成清理工作。全面推行农村公路“路长制”，开展为期二年的农村公路路域环境整治行动，由宣传部门牵头，相关职能部门配合，采取联合执法、集中整治、并案处理的方式，对路域范围内的非公路标志进行清理、规范设置，全面完成了清理工作。

二、存在的问题与建议

受经济社会发展、自然条件限制、路网规划调整、建设事权下放、建设周期变化及公路使用年限、脱贫攻坚"托底性"指标等因素影响，农村公路呈现出以"县乡道提升改造、自然村通硬化路"为主的"哑铃"现象，交通发展"瓶颈"问题依然突出。主要表现在：一是受资源环境刚性约束、砂石材料紧缺、建设用地落地难、项目前期手续多、办理周期长、审批程序复杂等限制，一定程度上影响农村公路建设整体进度；二是专业技术人员偏少，技术力量和管理能力薄弱，农村公路施工管理水平和工程质量有待进一步提高；三是随着农村公路通车里程的大幅增加，撤并建制村、自然村通硬化路项目的实施，农村公路路政管理工作面临着新的难题，仍然是农村公路工作的短板，需进一步加强；四是普通省道项目地质条件复杂，资金缺口大，县区负责实施技术力量薄弱；农村公路建设项目多，财政支持力度有限，导致推进难、落实难；五是农村公路通而不畅的现象比较突出，大部分县乡公路处于超期服役状态，部分通村路个别路段路面"返砂"，路网调整新增县乡道砂化程度高。

针对存在的问题，我们建议：一是出台支持贫困县农村公路建设相关政策，取消贫困县建设养护配套资金，加大贫困县建设养护管理人员培训力度；二是成立县区农村公路路政执法机构，彻底解决农村公路管理不到位的问题；三是提前启动县乡道路网改善工程项目前期工作，加大新调整县乡公路改造项目实施力度，及早解决"通而不畅"的问题。

尽管我县在"四好农村路"建设上取得了一些成绩，但与省市要求和兄弟县区相比，差距还很明显，任务还很繁重。今后，我们将以十九大精神为统领，把握机遇，乘势而上，以新理念引领农村公路发展、以新担当加快农村公路建设、以新举措推进农村公路管养、以新成效反哺脱贫攻坚，全面推动"四好农村路"协调发展，确保到 2020 年我县与全国同步进入全面小康社会。

"四好农村路"

清水交通碑录拾遗

碑碣是历史的化石，地域的名片，也是传统文化的重要载体。关山，横亘于六盘山之南、渭河之北，山高峻岭，道路难行，自古就有咽喉要道、秦陇钥锁之称。清水县位于关山西麓，历史上是关中通往陇右的重要驿站，石碑文化历史悠久。

一、宋代碑刻

据史料考证，我国的交通法规兴于唐、盛于宋。仪制是朝廷官府颁布的法规礼节，即

图 1 仪制令碑文：贱避贵，少避老；轻避重，去避来。碑文内容体现了尊敬老人、为他人着想的交通礼仪

社会奉行的礼仪制度。"仪制令"在宋代专指勒字刻碑立于道路旁的交通法规，一般被刻在石碑或木板上，立于大街要道，以提醒行人和车辆遵守规则。

在清水县发现了一块宋代交通法规碑，现存于清水县赵充国陵园碑林中。碑高 89 厘米，宽 67 厘米，系白石砂岩材质，见证了作为古丝绸之路要冲清水的交通演变史。（如图 1）

二、清 代 碑 刻

清水县《重修关山驿路之碑》是道光二十三年重修关山驿路时捐银情况的记载。此碑原位于清水县盘龙村西 500 米，1997 年由清水县博物馆运回，存放于清水县赵充国陵园。

此碑圆首方趺，为石灰岩质，高 142 厘米，宽 71 厘米，厚 20 厘米，石碑原有碑帽及碑座，今已不存。碑阳以大楷自右至左竖刻有《重修关山驿路之碑》的镌刻年月以及建立碑石、碑文书丹、碑石刻工者之姓名。碑阴皆为蝇头小楷，自右至左依次竖刻有捐修关山驿路的陇州、秦州、岷州等三州及其所辖之徽县、礼县、两当、清水、秦安等县的各级官吏、儒学生员、村堡乡约以及 230 余家商业字号名称与所捐银两数量。（如图 2）

图 2 重修关山驿路之碑

《重修关山驿路之碑》的发现无论是对研究丝绸之路的变迁，还是对了解古代修筑道路经费来源以及清代中叶陕甘一带的商业经济状况等问题，都提供了较为重要的参考依据。

【重修关山驿路之碑】

大清道光二十三年岁次癸卯三月穀旦。

知陕西凤翔府知府事豫泰、陇州学正白受采、知陇州知州事孙世藻、知陇州州同事朱宝林、陇州学训导程春泰、长宁汛经制外委蒋福、署关山营汛千总王礼、陇州城守营汛把总何大保、陇州吏目周国华、董事人增生曹拜善、生员杨绍衣、督工人王曰有、唐秉斗、邵怀、余自朝、闻安邦、杨绍统同建。陇州儒学□廪膳生员曹士璋书丹。富平石工李秀兰、仇德明刊石。

三、民国碑刻

清水靳君筑路纪念碑原位于清水县城东南 12 公里的白沙镇，碑石为花岗岩，高 124 厘米，宽 32 厘米，碑额自右至左横刻有“靳君纪念碑”五个大字。碑文自右至左竖刻，皆为寸楷。由于碑面未经打磨，且刻字刀锋较浅，碑文多已模糊不清，然经仔细辨认，仍能洞悉原白沙镇民靳丕基积极倡修东峡山路之巅的梗概。

此碑原立于白沙镇东二里许山峡古道边，后被人推倒当作垫路基石，20 世纪 80 年代末期，才被靳丕基之后人拉回，砌于其宅院大门西侧之南墙上，并用黑漆重新描写碑文。只是重写之碑文多有与原石相悖之处，从而造成真假难分之感。

【清水靳君筑路纪念碑】

君讳丕基，字肇亭，邑东白沙镇寒士也。幼起闾□长慕，三乘利济为怀，慈祥作事为念。县处穷山，生计苦□□□居民半□□□，半□贩运，入山硖道，沿流作途，两山壁立，□□□步，盛夏则□□□□□□□则寒冰没胫，君覩其况怵焉，□恻思有□□之，适邑绅阎君□□□□□□□有金□成其事，君傭雇工匠，躬□荷锸□□□石□□□□□□□□□□□□□诸人或数金，或斗粟，或□□□□□□□助□□□□□□□□□□□金，其功告成，行旅欢呼，可以夜涉，□□□□□□力拯众生之□□□众善倡如靳君者有几人哉。此余与同社诸君嘉其行，不忍没其迹，而思有以问诸世云尔。其佐工助资诸人，则阎、景、梁、赵、姚、夏、孟、张、伦、谢、郭、□、田、靳、樊、杨、戚、刘、雀，魏、白、马、武、王、郜、党二十六姓，四十三君及女信士而已。

中华民国二十五年岁次丙子孟夏上浣。

汤峪铺、龙山庙、东八铺、白沙镇阎社公制。

全省交通扶贫攻坚“四好农村路”现场会在清水县召开

清水县农村公路养护管理工作推进会暨农村公路公益性岗位养护人员培训会

清水县被交通运输部授予“四好农村路”全国示范县荣誉称号

白沙区域性交通综合服务中心

贾川区域性交通综合服务中心

庄天二级公路与天平铁路立体相交

△ 庄天二级公路清水段

△ 县道 463 线安防工程

迎宾大道

大温公路

农村公路景观停靠点

李沟至蔡湾三级公路

“路”——梦开始的地方

山门至薛家公路

红堡镇兴坪村通村公路

山路弯弯

铁炉梁至远门公路

蜿蜒乡村路

大山深处有人家

大山深处连线成网的农村路

红堡牛头河大桥

阎河口至码头口公路

山门至玄头公路

桐温公路

陇东镇田湾村公路带产业基地

农村公路沿线成片成带种植格桑花

汤浴温泉

金盏菊、格桑花扮靓农村公路

红堡镇小泉峡公路绿化景观节点

乡村公路骑行者

温泉大道

大半铁路

农村公路集中养护日全民养护

路（运）政联合开展农村公路执法检查

公益性岗位人员集中养护

养护责任监督公示牌

庄北公路建设

新城乡张河村通畅工程建设

X446 线维修工程

主办
天水市人民政府
水

清水轩辕鼓

山门林海

莲寺公路

山村致富小康路

希望从这里延伸

张清路至米湾公路

路——崛起的希望

腰套村通村公路

玄头村小巷道

观音殿至旺兴农村公路

山门镇观音殿至陇东乡朱湾村农村公路

清水县轩辕湖夜景

▲《清水风光》一花石崖

附件 A

清水县人民政府
关于印发清水县农村公路养护实施方案的通知

2012 年 11 月 28 日　　　　　　　　　　　　　清政发〔2012〕95 号

为切实加强我县农村公路养护管理，完善农村公路养护管理机制，不断提高农村公路养护质量与管理水平，充分发挥公路管理养护人员的工作积极性，积极构建“畅、洁、绿、美、安、优”的公路交通环境，更好地为和谐社会和新农村建设服务，现制定清水县农村公路养护实施方案。

一、基本原则

清水县农村公路养护实行“三化”、“三必须”、“五统一”的原则：“三化”即队伍专业化、管理制度化、养护规范化；“三必须”即各乡镇必须明确一名分管领导，必须成立管理机构乡镇农村养护管理所，必须制定切实可行的管理制度；“五统一”即统一管理模式、统一资金运行、统一养护规划、统一考核标准、统一台账资料。

二、养护运行机制

1. 我县现有需日常养护公路 24 条 399.627 公里，由县农村公路养护站负责日常养护。养护人员由县上解决公益性岗位 135 名，每人养护 2 ~ 5 公里。县乡公路养护实行季节性养护和日常性养护相结合的养护原则，村道每季度集中养护不少于一次。

2. 各乡镇要加强对农村公路养护工作的领导。各乡镇乡（镇）长对本乡（镇）农村公路养护管理工作负总责，由分管领导担任乡（镇）农村公路养护所所长兼农村公路路政指导员，乡镇交通专干为成员，乡（镇）相应配备 3 ~ 5 名专职养护专干，具体负责本乡

（镇）范围内的农村公路养护与管理工作。村民委员会在乡镇政府的领导和乡（镇）农村公路养护所指导下，按“一事一议”由受益村组负责养护成立村民管养小组，组织沿线村民对辖区的村内道路进行日常管养。

三、农村公路养管资金的使用与拨付

（一）资金来源与使用原则

全县农村公路养护资金由上级养护补助资金、县财政预算资金、乡镇配套资金等组成。农村公路养护管理资金实行专户管理，专款专用。各乡（镇）要设立农村公路养管基金，并实行专户管理，按照专款专用原则使用。

（二）农村公路人员养管费用

1. 全县农村公路除通村公路外有需日常养护公路 24 条 399.627 公里，按每 2 ~ 5 公里 1 名养护人员计算，共需养护人员 135 人，养护人员由县上安排公益性岗位解决，公益性岗位人员到期后可再续安排一批。

2. 农村公路养护经费由县财政每年列 100 万元作为奖补基金。乡村公路养护经费主要以乡镇通过“一事一议”筹集为主、以奖补基金奖励补助为辅。奖补基金中除奖励部分外结余资金全额用于解决水毁路面修复。

3. 县财政局、县交通运输局制定出台农村公路养护“一事一议”财政以奖代补实施意见，农村公路养护奖补基金设在县财政局，并由县财政局对农村公路养护奖补基金运行情况进行监管。

4. 农村公路养护财政以奖代补资金的发放，由各乡镇每年结合辖区内乡村公路养护情况，申报农村公路养护奖补基金，经县交通运输局审批签字后，由县财政局进行核拨。

（三）人员管理

农村公路养护纳入的公益性岗位人员，由县人力资源与社会保障局、县交通运输局及相关乡镇实行“双重”管理；县农村公路养护站要与其签订劳动协议，制定管理办法，强化人员管理，确保农村公路养护机制运行顺畅。

附件 B

清水县人民政府
关于进一步加强全县农村公路管理养护工作的
实施意见

2015 年 12 月 31 日　　　　清政发〔2015〕84 号

为有效巩固全县农村公路建设成果，建立健全农村公路养护管理长效机制，促进农村公路持续健康发展，根据《国务院办公厅关于印发农村公路管理养护体制改革方案的通知》（国办发〔2005〕49 号）、《公路安全保护条例》、《甘肃省农村公路条例》、《甘肃省人民政府关于进一步加快全省公路建设的意见》（甘政发〔2014〕105 号）、《关于进一步加强全省农村公路管理养护工作的指导意见》（甘交办〔2015〕60 号）、《天水市公路管理局关于进一步加强全市农村公路管理养护工作意见的通知》（天路管发〔2015〕111 号）、《清水县人民政府第 18 次常务会议纪要》（清政常纪〔2012〕10 号）、《清水县人民政府关于印发清水县农村公路养护实施方案的通知》（清政发〔2012〕95 号）精神，现就进一步加强全县农村公路管理养护工作提出如下意见。

一、指导思想、基本原则和总体目标

（一）指导思想。树立“建设是发展、养护管理也是发展”的思想，按照加强政府公共服务职能的要求，进一步明确各级政府对农村公路管理养护的责任，建立健全以政府投入为主的、稳定的养护资金渠道，满足全面建成小康社会要求，加快农村公路养护市场化社会化进程，促进农村公路持续健康发展，为全县经济社会发展提供有力支撑。

（二）基本原则。农村公路管理养护应遵循“统筹规划、分级负责、以县为主、乡村尽责、群众参与”的原则。坚持政府主导，进一步落实农村公路管理养护事权，充分履行管理职责；坚持群众参与，鼓励社会力量及沿线群众积极参与农村公路管理养护；坚持综合管理，整合农村公路公共管理资源，构建权责一致、分工合理的管理养护机制；坚持协调发展，全面提升全县农村公路综合服务水平。

（三）总体目标。建立健全农村公路管理养护的规章制度、技术规范与标准体系，构建“县道县管、乡道乡管、村道村管”的管理体制，建立责任明确、运转高效的养护运行机制，做到管理养护责任落实到位、机构人员配备到位、政策制度执行到位、资金筹措管理到位、监督检查考核到位，推动农村公路管理养护工作常态化、规范化、法制化，确保已建成的农村公路有人管养、有钱管养、有效管养，实现农村公路“有路必养、养必优良，有路必管、管必到位”的目标，保证农村公路处于良好的技术状态。

二、落实农村公路管理养护责任

（四）落实县级交通运输主管部门和公路管理机构职责。县交通运输主管部门负责本行政区域内农村公路的管理养护工作；负责编制农村公路养护计划；组织养护工程招标投标工作；定期检查农村公路养护质量；负责农村公路路政管理工作；协调乡镇政府做好农村公路及其设施的保护工作。

县农村公路养护站具体承担县道日常管理和养护工作，组织实施养护计划，指导乡镇政府管理养护工作，对养护质量进行检查验收。

（五）落实乡镇政府管理养护职能。乡镇政府具体负责本行政区域内乡村道的管理养护工作，并配备 3～5 名专职养护管理人员，充分调动村委会和沿线村民保护公路的积极性，做好农村公路及其设施的保护工作。

乡镇农村公路管理养护所组织实施乡村道路养护计划，指导、协调村道养护，监督、管理、使用好乡村道养护资金。

（六）落实村民委员会管理养护责任。村民委员会可设立村道养护组织，在乡镇政府的指导下，对本行政区域内村道进行日常管理养护，及时进行村道巡查并报告塌方、水毁等情况，组织村民进行水毁抢修。

（七）落实养护人员主体责任。农村公路公益性岗位养护人员承担主体责任，每人养护县乡道 3～5 公里，确保所养路段路面平整、横坡度顺适、路肩整洁、边坡畅通、构造物、沿线设施完好。

三、落实管理养护人员和经费

（八）养护管理人员。根据《清水县人民政府第 18 次常务会议纪要》（清政常纪〔2012〕10 号）中“县交通局按照属地就近原则公开招录 135 名农村公路养护人员，经县人社局审核后按照公益性岗位解决，人员由县农村公路养护站统一管理、统一考核，公益性岗位人员到期后可再续安排一批”，第一批农村公路原养护县乡道及主要村道 28 条 478 公里公益性岗位养护人员将于 2015 年 12 月底合同到期。依据会议纪要精神，结合农村公路实际，2016 年聘用 150 名公益性岗位用于农村公路养护，由乡镇负责招收。城镇医疗保险、养老保险由个人按照现行政策自行缴纳。

2016 年开始对农村公路公益性岗位养护人员实行“分级管理”；县道公益性岗位养护人员由县农村公路养护站及乡镇考核管理；乡村道公益性岗位养护人员由乡镇人民政府直接管理。

农村公路公益性岗位养护人员聘用期限为三年，到期后可再继续安排一批，人员续留、辞退按照相关公益性岗位政策和农村公路养护管理有关规定执行。

（九）管理养护资金来源渠道。建立以县级政府投入为主、省市给予补助、乡镇村投入为补充、鼓励社会各界共同参与的养护资金筹集渠道，为农村公路管理养护提供稳定的资金保障。

农村公路管理养护资金主要来源包括：各级政府安排的公共财政预算资金；国家补助的专项资金；省级安排的成品油消费税补助资金；市、县安排的成品油消费税资金；村民委员会通过“一事一议”等方式筹集村道养护资金；企业、个人等社会捐助，或者通过拍卖、转让农村公路冠名权、路域资源开发权等方式筹集的资金；通过其他方式筹集的资金。

（十）管理养护资金筹集标准及用途。按照《甘肃省农村公路条例》、甘肃省人民政府《关于进一步加快全省公路建设的意见》（甘政发〔2014〕105 号）和清水县人民政府《关于加快公路建设的实施意见》（清政发〔2015〕29 号）规定，县财政按每年每公里县道 14000 元、乡道 7000 元、村道 2000 元，省、市各按每年每公里县道 7000 元、乡道 3500 元、村道 1000 元的标准分别筹措养护资金。经测算全县县乡村道 1545.92 公里，共需县财政配套养护资金 700 万元。

省级筹措部分纳入成品油价税改革转移支付返还资金预算安排，市、县两级筹措部分分别纳入本级政府财政预算。省、市安排的养护资金要专项用于养护维修工程；县级安排的养护资金用于日常养护；村民委员会通过“一事一议”筹集的养护资金，由村民委员会统筹安排专项用于村道养护；企业和个人捐助的资金，应在尊重捐助企业和个人意愿的前提下，由接受捐赠单位统筹安排用于农村公路养护。

（十一）严格养护资金使用管理。要建立和完善农村公路管理养护资金申请、拨付、使用和监管等机制。县、乡镇设立农村公路管理养护资金专户，做到专户专账、专款专用。要严格执行财务管理有关规定，严肃财经纪律，不得截留、挤占或挪用农村公路管理养护资金。交通、审计、财政部门要加强资金动态监管，定期检查、审计资金使用情况，实行制度公开，主动接受群众监督。

四、积极推进农村公路养护多元化进程

（十二）探索农村公路市场化养护。农村公路养护维修工程要逐步向市场化方向发展，通过政府购买服务的形式，并按规定采用公开招标投标方式，择优选定养护作业单位，实行合同管理、计量支付。

（十三）建立农村公路专业化养护。县道、主要乡道的日常养护以及路面修补、桥涵构造物修复等技术性较强的小修养护工作要实行专业化养护。按照“规模化、标准化、机械化、专业化”的要求，优化现有养护道班和区域性综合交通服务中心，通过公益性岗位等形式，建立相对稳定的专业化养护队伍，扩大作业覆盖面，提升专业技能，充分发挥其在公共服务、应急抢险和日常管理养护中的作用。

（十四）推行农村公路社会化养护。农村公路日常保洁和村道的养护，要结合本地实际，以降低成本、提高效能、保障道路安全畅通为前提，因地制宜采用适合本地实际的农村公路养护模式，建立责任明确、运转高效的养护运行机制。县乡道要建立起以政府公益性岗位、建设区域性综合交通服务中心为主的养护机制，村道养护要充分发挥乡、村两级组织主观能动性，结合农村最低生活保障、“一事一议”、村民小组轮流养护、“集中养护”等，采取由个人、农户分段承包的方式养护，并签订养护合同，落实养护责任和质量目标。对于主要为企业服务的农村公路，应积极引导受益企业进行义务养护。对于地处偏远地区、交通量小的乡道、村道，可采取农民工或沿线农民承包养护等方式，促进农民就业和增收。鼓励企业家、乡贤、知名人士等个人参与认养。

五、切实加强农村公路管理养护

（十五）加大农村公路路政管理力度。严格贯彻农村公路路政管理法律法规，加强路政巡查和农村公路两侧建筑控制区管理，依法保护路产、路权。加强路政执法，检查、制止和处理各种侵占、破坏农村公路及用地的行为。

县级交通运输主管部门及其农村公路管理机构会同有关部门加强农村公路超限车辆治理，可以利用移动式检测设备，采取流动检测方式进行监督检查。县级交通运输主管部门或者乡镇人民政府可以根据保护乡道、村道的需要，在乡道、村道的出入口设置必要的限高、限宽设施，但不得影响消防和卫生急救等应急通行需要，不得向通行车辆收费。禁止超限运输车辆通行农村公路。因工程建设中重载车辆确需反复通过特定农村公路路段的，县级交通运输主管部门要与工程项目建设单位签订公路修复协议，并交纳相应数额的公路修复保证金，按不低于原有公路技术标准及时修复、改建或者给予相应的经济补偿。

要建立“政府负责、部门执法、群众参与、综合治理”的农村公路路政管理体系，按照县统一执法、乡村协助执法的工作方式，加强路政执法队伍建设，提高路政管理人员执法水平。积极探索推行道路运政和农村公路路政管理综合执法。通过引导建立乡规民约、村规民约，充分发挥乡镇人民政府、村民委员会和村民作用，共同做好农村公路路产路权保护工作，巩固农村公路建设成果，保障农村公路完好、安全和畅通。

（十六）完善配套政策和规章制度。县级交通运输主管部门要根据本辖区实际情况，制定具体的管理制度和办法。财政、审计等相关部门要根据农村公路管理养护工作发展需要，适时制定出台相关配套政策。

（十七）建立农村公路养护信息化管理制度。按照统一标准、内容完备、结构合理、数据准确、上下衔接的原则，建立健全县级农村公路管理养护数据库，加强路况信息收集，建立电子档案，推进农村公路管理养护信息化。

（十八）完善考核机制。要将农村公路管理养护工作纳入政府行政管理和公共服务范畴，实施目标考核，促进管理养护规范化、法制化和科学化。农村公路管理养护工作列入县政府对乡镇政府的年度目标考核范围，按照百分制考核。具体考核办法由县交通运输主管部门制定，并负责监督实施。农村公路管理养护以奖代补资金拨付与考核情况挂钩。

（十九）加强舆论宣传。通过广播、电视、网络等多种渠道，大力宣传农村公路管理养护的重要性、必要性和管理养护成果及其给人民群众带来的实惠等，提高报道深度，扩大宣传效果，为加强全县农村公路管理养护工作创造良好舆论环境。开展“爱路护路”宣传教育活动，增强广大群众自觉爱路、养路和护路意识，在全县上下形成共同关心、支持、参与农村公路管理养护的浓厚氛围。

六、农村公路管理养护考核与奖惩

（二十）考核内容及要求。各乡镇农村公路管理养护工作由县交通行政主管部门进行考核评比。对各乡镇人民政府及养护所考核主要看辖区内的农村公路养管组织机构是否健全，有无固定的办公场所和必备的办公设施，一线养护人员、养护队伍、管理养护制度是否到位，内部检查考核是否到位，养护质量、路政管理是否满足规定要求，内业资料是否真实、完整，自筹养护经费是否到位。

（二十一）养护质量要求

1. 路基：宽度达到农村公路各项技术标准要求，边坡稳定、顺直，排水畅通。

2. 路面：具有足够的强度，平整完好无坑槽，清洁无杂物，排水通畅，水泥混凝土路面的纵横接缝填灌到位，水泥路面板块损坏维修及时。

3. 路肩：路肩平整、密实、顺直，横坡适当无反肩，与路面连接平顺，雨后无积水。

4. 桥涵构造物：桥面铺装平整无病害，桥面无杂物，伸缩缝发挥正常作用，泄水孔无堵塞，桥头无跳车，桥下无堆积杂物及草堆，桥梁技术状况完好，涵洞完好无淤塞。

5. 沿线附属设施：交通标志、标线和安全设施设置齐全、保护完好，警示牌无损坏、涂改现象，确保行车安全。

6. 绿化管护：绿化管护良好，无损毁公路绿化现象，无养护不善造成的枯死、虫害现象，无缺株现象。

（二十二）公路路政管理要求。公路路政管理执行“十无”标准，即无路面、路边及桥下堆积物；无公路打晒场、焚烧秸秆；无公路用地内种植；无毁损公路绿化；无占道摆摊设点；无违法违建（构）筑物；无擅自挖掘公路；无未经审批的道口搭接；无未经批准的非公路标志；无未经审批的架（埋）设杆（管）和穿跨公路设施。

（二十三）考核评分标准。乡镇考核实行百分制，其中乡村公路养护 60 分，公路路政管理 40 分。具体评分标准如下：

1. 养护管理（标准分 20 分）

（1）组织机构，养护力量（标准分 5 分）。各乡镇人民政府重视农村公路养护，成立相应的管理领导小组，并由村主要负责同志组织、协调农村公路养护指标落实或民主推荐配备相应的养护人员，每 5 公里左右 1 名专职养护人员，并配齐相关的常用生产工具（养护车辆等），签订养护合同，有专项考核记录，按应管养的范围分项评分。根据考核项目达标的得满分，缺项的不得分，“不达标”的按比例得分。

（2）养护计划，项目管理（标准分 5 分）。各乡镇农村公路养护所应制定全年养护大、中、小修维修及经费支出计划，经县交通运输局、县农村公路养护站批复后认真组织实施；大中修由县农村公路养护站组织招标实施，小修保养由乡镇农村公路养护所管理实施。确保管理队伍稳定，农村公路技术性能完好，养护经费按合同和考核结果及时发放。根据规范化管理的得满分，缺项的不得分。

（3）养护巡查，解决问题（标准分 5 分）。各乡镇农村公路养护所每周对农村公路巡查、不定期抽查不少于 1 次；每月定期检查考核形成考核档案；遇有突发性事件、暴雨、冰雪等灾害天气应及时上路巡查，及时组织人员上路清除障碍，对存在问题及时组织整改，对养护人员在养护工作中遇到的群众矛盾及时解决，对妨碍养护正常工作的加强教育的基础上进行必要的处理。对以上事项按项计分，发现问题经点评后在整改限期内仍不达标准的不得分，对未完善的按程度比例扣分。

（4）健全制度，档案台账（标准分 5 分）。各乡镇农村公路养护所应建立“一路一档、一桥一档、一涵一档”，不建档的扣 1 分，建档不准确的作为未建档处理。岗位职责、任务目标、工作内容、质量标准、管理制度、应急预案、考核办法、合同文件、操作规程、公路养护示意图、组织机构网络图等养护台账图表等，每缺一项扣 1 分，不真实、不及时、不准确的作为缺项处理；每季度未对公路养护质量进行评定，未上报路况质量评定表，及上报资料报表不及时、不准确扣 1 分；各村应将公路考核结果以表格形式在村公示栏内进行公示，未公示的扣 1 分。

2. 养护质量（标准分 40 分）

（1）养护道路达标，目标完成情况（标准分 10 分）。道路养护达标，低于目标值的不得分；达到目标值 85 分，得 10 分；乡镇考核抽查结果与村报送的报表不一致且低于达标值的，发现一公里扣 1 分，扣完为止。

（2）日常保洁，路容路貌（标准分 5 分）。路面打晒场、路肩及绿化带内侧有种植、杂物、垃圾堆积物、积水或有15厘米以上高草等现象，每50米扣1分，不足50米按50米计算，特别严重的作为整改路，整个养护不计分。

（3）路面分界，路肩边沟养护（标准分5分）。绿化带内侧未耕种的路段，可以不形成路边沟，如内侧耕种则路田边沟必须形成，不形成的每100米扣1分；路肩边坡不平整，坡度不标准，有冲刷缺口，每处扣1分；边沟不畅每20米扣1分，不足20米按20米计算。

（4）新老路衔接，路面养护（标准分5分）。新老路衔接不平顺每处扣1分。水泥路面：裂缝、边角剥落、路面积泥、露骨、平整度差、错台病害每处扣0.1分，每50米累计病害最高扣1分；接缝内无填缝料或填缝料严重老化、失效、每2道缝扣0.1分，最高扣2分；路面沉陷（深度3厘米以上）、拱起（高度3厘米以上），严重破碎板、每块扣1分，坑洞每处扣0.5分。

（5）桥涵养护（标准分5分）。桥面整洁、排水良好，每处不清洁扣0.5分，每处排水不通畅扣1分；桥栏杆损坏不及时采取临时安全措施每处扣1分，桥栏杆损坏不及时维修每处扣0.5分，伸缩缝内有杂物每道扣0.5分，损坏每处扣1分；桥头跳车明显每处扣1分。

（6）绿化管护（标准分5分）。林路段绿化空白，每50米扣1分。发现擅自损毁公路绿化，未及时制止、查处的，每发现1起扣1分；绿化病虫害较多、枯死较多，每50米扣1分；草坪、灌木未按规定要求修剪的每处扣1分。

（7）交通标志，附属设施（标准分5分）。里程碑每缺一块扣1分；养管公示牌，每缺1处扣1分；附属设施歪斜，扣1分；养管公示牌歪斜的每处扣1分。

（8）安全生产。因养管不善造成严重责任事故或人身伤害赔偿案件，每起扣10分。

3. 公路路政管理（标准分40分）

（1）公路建筑控制区管理（标准分8分）

从公路路面边缘（路肩与边坡交界处）向外按照村道、乡道、县道分别不少于3米、4米、5米的区域划定为公路用地；公路路面边缘向外按照村道、乡道、县道分别不少于3米、5米、10米的区域划定为公路建筑控制区。在公路用地范围内不得种植公路绿化带以外的其他植物；在公路建筑控制区内不得出现公路养护、防护需要以外的新增建（构）物。在公路路口、弯道内侧遮挡视线的建（构）物要予以拆除迁移；对公路两侧各50米范围内的建筑规划，要建立规划、建设、国土、公路管理等部门的联合审查机制，涉及县道、乡道许可事项的，应由公路管理部门依法实施许可，涉及村道路产路权维护的，须经乡镇政府农村公路养护机构同意，并报县交通运输局备查。审批手续不全、越权违法审批，新增违法遮挡视线的建（构）物每处扣 2 分。

（2）公路用地路容路貌管理（标准分 12 分）

路边和桥下垃圾、堆积物等及其有碍观瞻物每处扣 1 分。

（3）公路马路市场摆设摊点管理（标准分 5 分）

马路市场摊点每处扣 1 分。

（4）交通标志、标线管理（标准分 10 分）

危桥险段或其他障碍路段未设置安全保障设施、存在交通安全隐患每处扣 3 分；交通标志、标线缺失或未设置每处扣 2 分；交通标志歪斜或者设置不规范每处扣 1 分。

（二十四）考核方式。乡镇考核分季度考核和年度考核。季度考核每季度组织一次，在次季度的 10 日前完成；年度考核按该年度四个季度考核得分加权计算，各季度考核得分占年度考核得分的比例，第一、二、四季度分别为 20%，第三季度为 40%。根据考核得分设“优秀、良好、合格、不合格”四个等级，总分为 100 分。得分 90 分以上（含 90 分）为优秀，80 分（含 80 分）～89 分为良好，70 分（含 70 分）～79 分为合格，70 分以下为不合格。

（二十五）综合奖惩

1. 对乡镇全年考核得分位于前五名且得分在 80 分以上的乡（镇）给予一定的物质奖励，第一名奖励 15000 元，以 3000 元为级差，依次递减。同时，对排名在后五名的乡镇扣除一定数额的乡村公路养护资金，倒数第五名扣除 2000 元，以 2000 元为级差，依次递增；将农村公路管理养护工作纳入乡镇综合目标管理责任书考核内容，并相应扣减年度乡镇综合目标十星制考核得分分值，倒数第五名在考核得分总分中扣减 2 分，以 2 分为级差，依次递增。

2. 对农村公路公益性岗位养护人员，每年评选 5%～10% 热爱公路养护事业、责任心强、劳动积极、吃苦耐劳、表现突出者给予奖励，奖金为 1000 元、800 元、500 元三个档次；对全面完成任务的发放当月工资，完不成任务者酌情按比例扣除；不能胜任岗位工作、连续一月不出工、造成路况较差、群众反映强烈的，经批评教育谈话后仍无明显改进者，予以强制辞退。

3. 每年对农村公路养护管理工作中涌现出的县、乡、村先进个人进行表彰奖励，每人奖励500元。

4. 对因管理不善，在日常养护中特别是特殊季节的养护期内，由于边沟不畅、涵洞堵塞而形成路基缺口，造成损失浪费的，在全县进行通报批评，并追究相关责任人的责任。

附件 C

清水县人民政府办公室
关于印发清水县乡镇农村公路管理所规范化建设管理实施方案的通知

2017 年 10 月 17 日　　　　清政办发〔2017〕146 号

落实乡镇人民政府农村公路管理养护的主体责任，建立责任明确、运转高效的农村公路管理机构是落实农村公路管养工作的基本保障。目前，按照省、市关于设立乡镇农村公路管理所的有关精神，我县 18 个乡镇全部成立了农村公路管理所，配备了专职副所长，但乡镇农村公路管理机构人员职责不清、内业资料不齐全、规范化建设进展不平衡等问题依然突出。为进一步提高农村公路日常养护覆盖率、加强乡镇农村公路管理机构的规范化建设管理、提升农村公路管养水平和服务质量，在王河镇试点建设规范化乡镇农村公路管理所的基础上，结合我县农村公路实际，制定本实施方案。

一、建立健全机构、统一规范名称

根据清水县机构编制委员会办公室《关于成立清水县永清镇等 18 乡镇农村公路管理所的通知》(清机编办发〔2016〕42 号）文件，全县 18 个乡镇全部成立为科级事业单位的农村公路管理所（以下简称乡镇管理所），明确所长由乡镇政府主要领导兼任，配备 1 名专职副所长，3 ~ 5 名事业编制管理人员专职从事农村公路管理各项工作。专职工作人员具体数量依据辖区农村公路里程确定，每乡镇至少配备 3 名，以满足工作需要为标准。

各乡镇人民政府要全力保障农村公路管理机构的办公场所以及日常养护生产管理和外业养护巡查工作正常开展的基本设施和交通工具。全县统一规范乡镇管理所的名称，统一为“清水县 XX 乡（镇）农村公路管理所”。乡镇管理所挂牌要做到“五统一”，即：名称统一、尺寸统一（160cm × 25cm）、颜色统一（木牌喷漆，白底黑字）、字体统一（宋体，文字纵向排列）、位置统一（办公场所门左侧外墙上悬挂）。

二、落实养护资金，充实养护队伍

各乡镇人民政府要按照清水县人民政府《关于进一步加强全县农村公路管理养护工作的实施意见》（清政发〔2015〕84号）规定，根据养护工作实际需要积极筹措资金，保障日常养护工作的正常开展。乡镇管理所要在县级安排公益性岗位养护人员的基础上，按照有路面乡村公路每3～5公里配备1名养护人员的标准，配齐乡村公路养护管理人员，同时，要为养护人员配备必要的作业工具、作业服装和标志等。

三、明确管养职责，细化规章制度

乡镇管理所主要负责本辖区公益性岗位养护人员的管理及乡村公路的日常管理养护工作，具体管养范围由县农村公路养护站依据本地农村公路实际情况确定，业务上接受县行业主管部门的管理、指导、监督和检查。依据省、市、县相关规定，全县统一明确乡镇管理所工作职责，包括乡镇管理所职责、所长、专职副所长、管理员、养护员的具体岗位职责。

为保证乡镇管理所规范管理、有序运转，全县实行统一的乡镇管理所规章制度，主要包括巡查抢修、日常考勤、质量考核、安全生产、财务管理、例会学习、档案管理等7项制度。

四、统一内业资料，规范上墙图表

为便于全县乡镇管理所内业资料的规范填报、汇总整理、检查考核，依据乡镇管理所主要工作内容，全县统一主内业资料的表式，具体包括：管养路线基本情况明细表、管养路线养护路段明细表、经常性养护路线日常养护质量考核表、经常性养护路线养护人员出勤考核表和例会记录本、巡查记录本、养护人员信息记录本等。乡镇管理所要做到内业资料填写及时、准确、完整，按统一样式分类装订成册，归档备查。对未纳入全县统一表式的内业资料，各乡镇依据实际需要自行制订标准，保持本辖区范围内的资料规范统一。

全县统一各乡镇管理所上墙图表图版尺寸、板式、颜色、字体等。具体内容应包括：

（一）乡镇管理所组织机构图。

（二）乡镇管养路线示意图。以乡镇公路图为底图，标明该乡镇管理所经常性养护的农村公路，县道、乡道和村道分别用不同颜色线条标示，并注明路线编号及名称。

（三）乡镇管理所简介。包括乡镇总体情况、建所时间、人员构成、管养总里程（其中县道条数及里程、乡道条数及里程、村道条数及里程）、管养人员等情况。

（四）乡镇管理所工作职责、人员岗位职责和各项工作制度。（由于地方限制，各项工作制度可以不上墙，但要统一装订成册，封面用铜版纸）

（五）养护承包人员信息。图版上做成活动卡槽，大小为可放入5寸照片，卡槽下部注明管养承包人员的姓名和联系方式。

（六）养护质量考核表。标明管养路线编号、名称，管养里程、桩号，管养人员姓名，每个月的考核情况（具体按照分值以图例区分）。经常性养护路线较多的乡镇管理所可仅标明县道、乡道和主要村道。

五、工 作 要 求

实施方案中有关乡镇农村公路管理所职责、人员岗位职责、各项制度、内业资料表式等资料，由县交通运输局统一制定下发，指导乡镇进一步细化规章制度、规范内业资料。各乡镇人民政府要按照实施方案要求，认真抓好乡镇农村公路管理所规范化建设，确保10月底前全面完成各项工作任务。同时，要抓好村级养护组织的规范化建设，具体标准和样式由乡镇参照乡镇农村公路管理所规范化建设制定统一标准，县农村公路养护站要充分发挥行业监管指导作用，加强对乡村养护工作的指导，不断提升农村公路管养水平和服务质量。

附件 D

中共清水县委办公室　清水县人民政府办公室关于印发清水县农村公路路域环境卫生整治行动实施方案的通知

2017 年 10 月 31 日　　　　县委办发〔2017〕159 号

为贯彻省委、省政府有关人居环境卫生整治的总体要求，落实全省、全市全域无垃圾现场推进会精神，按照《甘肃省公路路域环境卫生整治行动实施方案》要求，经县委、县政府研究，决定在全县开展农村公路路域环境卫生整治行动，制定清水县农村公路路域环境卫生整治行动实施方案。

一、总 体 要 求

以落实习近平总书记建设“山川秀美”幸福美好新甘肃重要指示为核心，以党的十九大、省第十三次党代会、全省全市全域无垃圾现场推进会议精神为指导，按照“部门联动、各司其职、协调推进”工作方针，实施全县农村公路路域环境卫生综合整治，实现农村公路沿线视野之内无垃圾、整洁美观治理目标，全面提升公路交通综合服务水平，为清水经济社会发展和方便人民群众出行创造更加优良的交通运输环境。

二、整治范围和内容

（一）整治范围。农村公路路域环境综合整治的范围是全县已投入运营或在建的农村公路用地和公路建筑控制区域。建筑控制区域是指与公路边缘的间距不少于以下距离的范围：县道 10 米、乡道 5 米、村道 3 米；整治范围延伸至县乡村道周边全域。

（二）整治内容。清理农村公路用地范围内垃圾；整治农村公路用地范围内倾倒垃圾、堆放物品、摆摊设点、占道经营、乱搭乱建、打场晒粮、设置障碍、挖沟引水、污染公路和影响公路安全畅通等行为；整治涉路养护或施工现场、驻地、拌和场、料场等区域卫生；整治农村公路用地范围内非公路标志、“牛皮癣”、小广告，未经许可广告牌、宣传标语；整治农村公路及附属设施病害和安全隐患；整治非法超限运输车辆行驶、随意砍伐农村公路绿化树木；整治在禁止范围内从事采矿、采石、取土、爆破作业等危害公路安全的活动等行为。

三、整治目标

（一）农村公路沿线视野之内无垃圾。农村公路用地范围内路面、边沟、两侧边坡等区域内无垃圾；涉路养护或施工现场、驻地、拌和场、料场等区域规范有序无垃圾。

（二）农村公路违法行为管控有效。农村公路用地范围内无倾倒垃圾、堆放物品、摆摊设点、占道经营、乱搭乱建、打场晒粮、设置障碍、挖沟引水等影响行车安全的行为；农村公路用地范围内新产生垃圾在 5 日内发现并清理完毕。

（三）非公路标志标牌设置规范。农村公路用地范围内无违法设置的非公路标志标牌，未经许可广告牌、宣传标语；经批准设置的非公路标志标牌版面整洁美观。

（四）农村公路技术状况良好。路面平整，路肩无病害，路面面板无悬空现象，边坡稳定，挡土墙等附属设施良好；桥面平整，结构完好，栏杆粉刷美观；涵洞排水畅通，进出水口无垃圾。

四、责任分工

（一）农村公路用地范围内路面、边沟、两侧边坡无垃圾；路面平整，路肩无病害，边坡稳定，挡土墙等附属设施良好；桥面平整，结构完好，栏杆粉刷美观；涵洞排水畅通，进出水口无垃圾；涉路养护现场、驻地、拌合场、料场等区域规范有序无垃圾；农村公路用地范围内新产生垃圾在 5 日内清理完毕。（省养公路由清水公路管理段负责；其他农村公路由 18 个乡镇农村公路管理所、县农村公路养护站负责）

（二）农村公路用地范围内无倾倒垃圾、堆放物品、摆摊设点、占道经营、打场晒粮、设置障碍、挖沟引水等影响行车安全的行为；农村公路用地范围内无违法设置的非公路标志标牌；经批准设置的非公路标志标牌版面整洁美观；农村公路用地范围内新产生垃圾在2日内发现并告知清水公路管理段、县农村公路养护站。（省养公路由清水公路路政执法管理所负责；县养农村公路由县交通运输局路政股负责）

（三）涉路施工现场、驻地、拌和场、料场等区域规范有序无垃圾。（由项目建设单位负责）

五、实施步骤

全县农村公路路域环境卫生整治工作从2017年11月开始至2020年6月结束，为期三年。

（一）宣传部署阶段（2017年11月10日前）。制定行动实施方案，明确整治范围和内容，确定整治目标。各相关责任单位要按照实施方案，抓紧制定工作计划，分级召开会议进行动员部署，细化分解整治内容，开展调查摸底，建立工作台账。

（二）集中整治阶段（2017年11月11日—2018年2月20日）。各相关责任单位要按照"先治脏后治乱、先重点再全面"的要求，积极组织在全县范围内开展"全县农村公路路域环境卫生百日集中整治"行动，确保按期高质量完成整治任务。

（三）巩固提升阶段（2018年2月21日—2020年6月30日）。各相关责任单位要按照"一手抓整治，一手抓巩固"的原则，持续深入实施农村公路路域环境卫生综合整治行动，及时总结经验，巩固整治成果，实现农村公路沿线视野之内无垃圾、整洁美观的目标。

附件 E

中共清水县委办公室　清水县人民政府办公室关于印发清水县全面推行农村公路路长制实施方案的通知

2017 年 11 月 1 日　　　　县委办发〔2017〕161 号

根据《国务院办公厅农村公路养护体制改革方案》(国办发〔2005〕49 号)、《甘肃省农村公路管理养护体制改革实施意见》(甘政办发〔2007〕163 号)、《甘肃省农村公路养护管理办法(试行)》(甘交公路〔2017〕39 号)、《天水市农村公路养护管理办法》(天政发〔2004〕141 号)、《天水市农村公路管理养护体制改革实施意见》(天政发〔2009〕43 号)和《清水县人民政府关于进一步加强全县农村公路管理养护工作的实施意见》(清政发〔2015〕84 号)精神，为进一步加强农村公路养护管理，完善农村公路养护管理工作机制，推进农村公路养护管理工作制度化、精细化、常态化、规范化，结合我县农村公路实际，县委、县政府决定，在全县全面推行农村公路路长制管理制度，特制定本方案。

一、总体目标

为坚决贯彻落实习近平总书记把农村公路建好、管好、护好、运营好的总要求和关于农村公路工作系列重要指示批示精神，把加强农村公路养护放在更加突出的位置，推进农村公路健康可持续发展。通过创新农村公路养护管理模式，按照“建立机构、明确责任、综合治理、严格考核”的要求，建立县、乡、村三级路长责任体系，县道设县道路长，乡道设乡道路长，村道设村道路长，路长责任制覆盖全县境内所有农村公路(县、乡、村道)；通过推行路长制，明确主体责任，整合各方力量，切实提高农村公路管养能力、路况水平、服务质量和群众满意度，实现农村公路全程养护、全民参与，营造“畅、洁、绿、美、安”的农村公路环境，为全面建成小康社会提供交通保障。

二、组织体系及工作职责

（一）组织机构

1. 成立清水县全面推行农村公路路长制协调推进领导小组

成立由市人大常委会副主任、县委书记刘天波，县委副书记、县长马越垠任组长，县委常委、组织部部长周济，副县长马小平任副组长，县委办公室、县政府办公室、县委宣传部、县政府督查室、县政府法制办、县公安局、县发改局、县财政局、县国土局、县交通运输局、县水务局、县林业局、县规划局、县旅游局、县运管局、县公安局交警大队、清水公路管理段、清水公路路政执法管理所等部门负责人和 18 乡镇主要负责同志为成员的清水县全面推行农村公路路长制协调推进领导小组，负责研究审定路长制实施方案、相关制度和办法，组织开展监督考核工作，协调解决路长制实施过程中的重点难点问题。

2. 设立路长及路长制办公室

逐级建立党委、政府主要负责同志担任路长的县乡村三级“双路长”工作机制。县设总路长，由市人大常委会副主任、县委书记刘天波，县委副书记、县长马越垠担任总路长，县委常委、组织部部长周济，副县长马小平担任副总路长；乡镇设乡镇县级路长、乡镇路长，分别由包乡镇县级领导担任乡镇县级路长，乡镇党委书记、乡镇长担任乡镇路长，乡镇分管交通工作的领导、乡镇农村公路管理所专职副所长担任乡镇副路长；村设村级路长，由村党支部书记、村委会主任担任村级路长。

按照公路行政等级和管养权限，推行“分级管理、责权明晰、责任到人”的垂直交叉管理模式。县道设县道路长，分别由相关包片包乡镇县级领导担任县道路长和县道区间路长，其中省养公路由所在乡镇作为配合单位，乡镇党委书记、乡镇长为直接责任人。乡道设乡道路长，分别由相关包片县级领导担任乡道路长，涉及乡镇党委书记、乡镇长担任乡道区间路长；村道设村道路长，分别由相关村党支部书记、村委会主任担任村道路长。县、乡、村道三级路长设立后，要按照“属地管理”原则落实农村公路养护管理主体责任。各乡镇要比照县级路长制组织体系，建立相应的组织机构，落实养护管理人员，明确责任主体。

县、乡两级分别设立路长制办公室，县级路长制办公室设在县交通运输局，办公室主任由县政府副县长马小平兼任，副主任分别由县政府督查室主任陈银得、县交通运输局局长胡喜祥、清水公路管理段段长冯小军兼任。

（二）工作职责

1. 总路长及路长主要职责

总路长是辖区推行路长制的第一责任人，负责领导本行政区路长制工作，承担总督导、总调度职责，协调解决路长制落实中的重大问题。各级路长是路长制落实的直接责任人，负责管辖路段路长制工作的总调度、总协调，监督检查区间路长和相关单位履职情况，对突出的热点难点问题进行统筹协调，确保管辖路段干净、整洁、安全、有序、美观。

干净：组织专职养护人员和受益群众，及时清理路面障碍物和抛洒物；清除公路用地范围内的堆积物。

整洁：加强管辖路段沿线住户、门店、企业和建设工地的管理，禁止占用公路及公路用地堆物放料，禁止向路面排水、排污；制止占路打谷晒粮；制止在护栏、绿化等设施上晾晒；制止擅自设置广告牌、指路牌等非公路标牌，清除遮挡公路标牌视线的障碍物；发现公路水毁、路面破损、设施缺失要按照“县道县养、乡道乡养、村道村养”的职责及时通知管养单位处置。

安全：管控公路建筑控制区内（含桥下、隧道口及隧道上方）建筑物及地面构造物，制止不符合间距要求的建房（距离公路水沟外沿国道不少于 20 米，省道不少于 15 米，县道不少于 10 米、乡道不少于 5 米、村道不少于 3 米）；开展源头治超，发现车辆超限超载运输及时举报；发现损坏、污染公路等违法行为及时通知执法部门进行查处；制止在路面、桥面随意停车；制止擅自新增平交路口，防止增加安全隐患点。

有序：管辖路段两旁的建设工地一律围挡作业，严禁施工车辆出现粘带泥土和抛洒滴漏、污染公路现象；禁止公路边摆摊设点；对季节性水果、农副产品的销售，引导经营户在不影响公路安全、畅通和美观的地点集中销售，统一管理。

美观：加强公路两旁绿化、美化，适时对行道树浇水、除虫，每年修剪不少于 1 次，确保生长良好。

2. 路长制办公室主要职责

路长制办公室对本级总路长负责，承担本行政区内路长制组织实施的具体工作，落实路长确定的事项；建立健全路长制管理制度和考核办法，组织开展监督、检查和考核；指导监督下一级路长制办公室落实各项任务。

3. 相关单位主要职责

县委宣传部：负责组织农村公路养护管理的宣传教育和舆论引导；指导协调道路管理突发事件媒体报道、舆情监测、信息发布和应对。

县政府法制办：负责推进农村公路养护管理有关县级规范性文件的制定和修订；协调建立部门联合执法机制、行政执法与刑事司法衔接机制。

县政府督查室：负责将路长制工作纳入县政府目标督查和考核内容，加强督查考核，并注重考核结果运用。

县公安局（交警大队）：负责打击涉嫌公路违法犯罪行为；加强公路行车秩序管理，重点整治超载、超速、逆行等违法行为，查处车窗抛物和货运车辆抛、洒、滴、漏等行为。

县发改局：负责做好县级农村公路建设项目、养护维修项目的计划下达、立项审批等前期工作，推进农村公路项目投融资体制机制改革与创新。

县财政局：负责落实农村公路日常养护经费、大中修工程费用及监管。统筹安排专项资金支持路长制工作开展和公路路域环境综合治理。

县国土局：配合公路、交通部门对公路两侧建筑控制区范围内建设工程的监督，加大对控制区范围内违法用地的查处力度，严格控制公路两侧建设和村民建房的用地审批，对公路两侧可视范围内擅自挖砂取石采矿行为进行查处。

县交通运输局：承担县级路长制办公室日常工作；做好农村公路的日常养护管理、维修、水毁修复以及安全隐患排查整治；依法查处损坏路产、侵犯路权的行为，加强非法超限超载货运车辆治理；协调相关部门、乡镇对急弯陡坡、临水临崖、城乡结合部等重点路段和事故多发路段进行集中整治。

县水务局：加强河道采砂企业管理，打击非法采砂行为；在法律规定范围内为农村公路建设、养护维修工程划定采砂区域。

县林业局：加强日常巡查，严格公路两侧行道树的管理，对乱砍滥伐行道树的违法行为依法严厉打击；督促、指导各绿化主体责任单位对公路沿线绿化进行查漏补缺，宜种尽种，提高绿化效果，达到美化和景观化的要求。

县规划局：加强途经城乡规划区段公路两侧规划建设管理，对于公路改扩建、沿线环境整治和隐患治理等建设项目开设绿色通道，缩短审批流程。

县旅游局：统一设计、规范设置具有清水特色的公路旅游标识标牌；结合实际在公路沿线设置旅游服务设施。

县运管局：严格落实货运装载源头治超管理制度，依法查处非法超限超载货运车辆。

清水公路管理段：承担所管养公路的日常养护管理、维修、水毁修复以及安全隐患排查整治；依法查处损坏路产、侵犯路权的行为。

清水公路路政执法管理所：负责非法超限超载车辆的检测、认定，依法查处非法超限超载货运车辆和损坏路产、侵犯路权的行为。

县电信、移动、联通、电力、广电、国防光缆、水利等有关单位，按照《中华人民共和国公路法》、《甘肃省公路路政管理条例》规定，在公路两侧建筑控制区内埋设管（杆）线、电缆等设施，需事先报交通主管部门或公路管理部门审批。

各乡镇人民政府：成立乡镇路长制管理工作机构，指导村道路长开展日常工作，组织实施县道、乡道、村道的日常养护、管理和路产保护工作；建立健全乡村公路技术档案，做好农村公路爱路护路宣传等。

（三）管理流程

“路长制”实施巡查→处置→督查→通报管理流程。

1. 巡查：各级路长要安排相关人员进行定期巡查，汛期、恶劣天气、重大活动、重要节假日要加大巡查频率，对巡查中发现的问题及时处理或进行交办。

2. 处置：对巡查中发现的问题，各相关部门、乡镇、村要各负其责，根据职能职责进行及时有效的处置，并做好记录；需要协调解决的，上报县级路长制办公室统一收集、转办相关责任单位。

3. 督查：问题交办到责任单位后，县级路长制办公室对各问题办理情况适时开展督查，对处置不力的，责令限期整改；对造成重大影响的，追究相关责任人责任。

4. 通报：县级路长制办公室对问题处置和督查情况进行书面通报，并作为考核依据。

三、保障措施

（一）加强组织协调。建立路长制联席会议制度、信息报送制度、督导检查制度、问题督办制度、公示公告制度、考核验收制度，落实各部门职责，协调联动，各司其职，齐抓共管，确保路长制各项工作落到实处。

（二）严格考核问责。健全农村公路养护管理绩效考核评价体系，采用定期考核、日常抽查和社会监督等方式，督促各责任单位切实履行管理职责，提高管理水平，督查考核结果适时予以通报。对因管理不善，在日常养护中特别是季节性强的养护期内，由于边沟不畅、涵洞堵塞而形成路基缺口，造成损失浪费的，在全县进行通报批评，并依法依规追究责任单位和责任人的责任。

（三）形成工作合力。要建立健全人员投入和资金投入相结合的工作保障机制，确保有人干事、有钱办事。各级各部门要全力支持路长制的运行，自觉服从路长的协调和管理，努力为路段管理人员开展工作营造良好的环境。要在路段与路段之间、路段与产权单位之间建立路长工作联系机制，相互沟通、相互配合，消除盲区，形成横向到边、纵向到底的路长监管体系。

（四）积极宣传引导。充分利用各种媒体和传播手段，通过电视、广播、互联网、新媒体等加大全面推行路长制的宣传力度，营造人人参与的良好护路爱路氛围。要及时报道管理成效，介绍推广经验，提高路长制管理工作的社会参与度。要在道路明显位置竖立路长公示牌，标明道路名称、路长职责、管护目标、监督电话等内容，接受社会监督。同时加大新闻媒体的曝光力度，及时曝光有损路容路貌的行为，督促责任单位整改，为路长制管理工作营造良好的氛围。

责任编辑　王　丹
封面设计　赞泰書装 MOB:13521027010

“四好农村路”之清水实践
SIHAO NONGCUNLU ZHI QINGSHUI SHIJIAN

天猫旗舰店　微信订阅号
官方网站　微信服务号

ISBN 978-7-114-14911-5
9 787114 149115 >
网上购书 / www.jtbook.com.cn
定价：48.00元

城市发展水平评估系列报告

CITY DEVELOPMENT REPORT OF ZHUHAI 2017

2017 珠海城市发展报告

珠海市城科国际宜居城市研究中心　主编

中国建筑工业出版社